Foreword

The aim of this souvenir album is to recall, for the more elderly, and to teach all of the other visitors to the Côte de Nacre (Pearl Coast), of the glorious hours performed on *Juno* Beach from Graye-sur-Mer to Saint-Aubin-sur-Mer, on a certain 6th June 1944.

Eight kilometres of coast, which, in sections, were to experience the hell and crazy fire of this God of ancient mythology Neptune, whose war name was chosen by the Allied High Command for use during the invasion of France. Some 15 000 Canadian volunteer soldiers had come from the Pacific Coast to Nova Scotia on the Atlantic to shatter, on *Juno* Beach, the Atlantic Wall, built by the Nazis. Dieppe, two years earlier, so terribly foreshadowed these landings. The Canadian Army had prepared the Landings in England, learning from the lessons of Dieppe, throughout the long months of training which were to lead to the collapse, at 8.00 am on the morning of June 6th, of the German defences on *Juno* Beach. The section named "Mike", from Graye-sur-Mer to the Calvary in Courseulles-sur-Mer, will be cleared at 11.00 am. "Nan", from Courseulles-sur-Mer to Bernières-sur-Mer, by 10.00 am but the spur at Saint-Aubin-sur-Mer resisted until early afternoon. The troops of General RFL Keller's 3rd Canadian division supported by the tanks of General Wyman's 2nd Armoured Brigade and by the Navy and British army were the only troops to have reached their objectives on D-Day evening. If many were able to enjoy the satisfaction of having completed the job in hand, others were unable to savour that moment, the cost of victory so high : 340 killed, 47 missing and 574 injured…

Visitor, remember and respect these sites as you so rightly enjoy their charms, regardless of the season ! There are but a few sites which today bear witness to those times : a blockhaus at the breach in Graye-sur-Mer, a second blockhaus, collapsed at the mouth of the river Seulles. The other remains of such sites have been removed or disappeared over the years. The Canadian Juno Beach Centre bears witness, through its prestigious presence, to the legitimacy of Canada on this beach head and also teaches us more about the culture and the influence of this great and friendly nation. Let your gaze wander from the dune to the West or the East and you will see all of *Juno* Beach, where the sounds of the shocks of war are still to be heard, if you lend an ear. And these few snapshots, sometimes taken at risk, will help : some will be resituated through the silent witness of a struggle that lasted six hours, six unforgettable hours, lasting forever.

P

Cet album souvenir vient à tous les autres visiteurs qui eurent pour théâtre Saint-Aubin-sur-Mer, un certain 6 juin 1944.

Huit kilomètres de côte qui connurent par secteurs, l'enfer et le feu déchaînés par ce dieu de la mythologie ancienne, Neptune, dont le Haut Commandement allié avait décidé, pour envahir la France, d'emprunter le nom guerrier. Près de quinze mille soldats volontaires canadiens venus de la côte Pacifique à la Nouvelle-Écosse côte Atlantique, vont briser à Juno Beach le Mur de l'Atlantique édifié par les nazis, dont Dieppe, deux ans plus tôt avait connu la terrible préfiguration. Parfaitement mises à profit par l'armée canadienne se préparant en Angleterre, toutes les leçons de Dieppe seront tirées au cours des longs mois d'entraînement qui aboutissent, le 6 juin à 8h00 du matin, à l'effondrement de la défense allemande sur Juno Beach. Son secteur « Mike », de Graye-sur-Mer au calvaire de Courseulles-sur-Mer, sera dégagé à 11 h 00. « Nan », de Courseulles-sur-Mer à Bernières-sur-Mer, est nettoyé à 10 h 00, alors que l'éperon de Saint-Aubin-sur-Mer résistera jusqu'au début d'après-midi. Les troupes canadiennes de la 3e division du général RFL Keller, soutenues par les chars de la 2e brigade blindée canadienne du général Wyman, parfaitement supportées par les services de la Marine et de l'armée britannique, seront les seules, au soir du Jour-J à avoir atteint leur objectif. Si beaucoup eurent la satisfaction du devoir accompli, d'autres en furent privés, le prix de la victoire est toujours trop élevé : 340 tués, 47 disparus et 574 blessés…

Promeneur, souviens-toi, et respecte ces lieux tout en appréciant justement le charme, en toute saison ! Rares aujourd'hui, sont les témoins de la Bataille des plages : un blockhaus éventré à la brèche de Graye-sur-Mer, un second chaviré à l'embouchure de la Seulles et le complexe défensif enfoui autour de la croix de la Lorraine, les autres vestiges ayant disparu avec les années. Le Centre canadien Juno Beach atteste, par sa prestigieuse présence, de la légitimité du Canada sur cette plage, et vient nous en dire plus sur la culture ainsi que sur le rayonnement de ce grand pays ami. En portant depuis la dune, le regard vers l'ouest ou l'est, l'ensemble de la plage Juno s'offre à nous, et le choc guerrier y résonne à jamais, pour qui sait écouter et voir. Et ces quelques clichés, parfois risqués, pourront nous y aider ; certains peut-être pourront être restitués par rapport aux témoins silencieux d'un combat qui dura six heures, six heures inoubliables, que le temps ne peut effacer.

Jean-Pierre BENAMOU, OBE, MSM of Canada - Fondateur D-Day ACADEMY

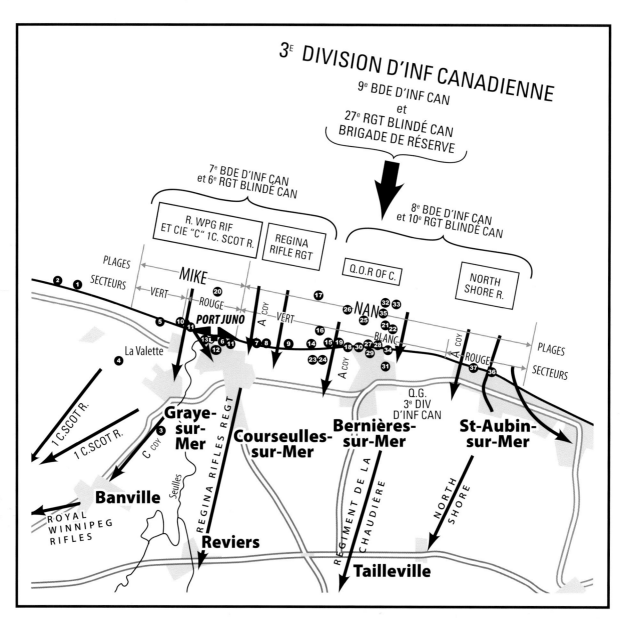

DND of Canada JUNO map

© Fonds J-P. B

1 "Mike Red" sector, 7.30 am D-Day

To the other side of the mouth of the river, this Canadian Royal Winnipeg Rifles' and sappers' assault group were blocked under fire. To the bottom of the picture, on the left hand side, an injured sapper waits for the situation to improve through the support of the 1st Hussars tanks.

N.B. : This document is particularly moving through the action and expression on the faces. A particular tribute must be paid to the army's photographers and reporters, who often remained anonymous.

Secteur « Mike Red », 7 h 30 le Jour J.

De l'autre côté de l'embouchure, ce groupe d'assaut des Royal Winnipes Rifles of Canada *et de Sapeurs canadiens est bloqué par un tir. En bas, à gauche, un sapeur blessé attend que la situation s'améliore par l'appui de tanks du 1st Hussar.*

N.B. : Ce document de combat est particulièrement poignant dans l'action et l'expression des visages. Hommage doit être rendu aux reporters-photographes des armées, souvent restés anonymes.

© PAC

2 Afternoon on D-Day in Graye-sur-Mer, the companies of the 1st Canadian Scottish (Princess Mary) landed peacefully on the "Mike" Green section of *Juno* Beach captured at 7.30 am by C company, set up at the same time in the château de Vaux. To the left, a landing craft washed ashore, at the second low tide on D-Day around 5.00 pm as the sun shines on the victorious Allies.

6 juin après-midi à Graye-sur-Mer, les compagnies du 1er Canadian Scottish (Princess Mary) débarquent tranquillement sur « Mike Green» de Juno Beach, assaillie à 7 h 30, par la compagnie C installée au même moment au château de Vaux.
À gauche un LCT échoué, il s'agit ici de la seconde marée basse du 6 juin vers 17 h 00, alors que le soleil salue les Alliés victorieux.

3 June 6th, evening in Banville, C-company of the Canadian Scottish of the 7th Canadian Brigade, gathers as they prepare to head in to Secqueville-en-Bessin. The faces show the exhaustion and the worries of this long day which are to remain forever engraved in their memories. To the left, a captain gives out his instructions, wearing the traditional Scottish Balmoral. This glorious regiment originates from the island of Vancouver, on the Pacific Coast of Canada and is composed of volunteers from Victoria and Nanaïmo.

6 juin au soir à Banville, la compagnie C du Canadian Scottish de la 7e brigade canadienne se regroupe avant de s'infiltrer vers Secqueville-en-Bessin. Les visages marquant la fatigue et les inquiétudes de cette longue journée restent à jamais gravées dans la mémoire. À gauche, un capitaine délivre les instructions, il porte le Balmoral de tradition écossaise. Ce glorieux régiment vient de l'île de Vancouver, sur la côte Pacifique du Canada, il est composé de volontaires de Victoria et Nanaïmo.

©PAC

4 Inland from *Juno* Beach, near Graye-Banville, the first Canadian ordnance depot, here for munitions, transported from the ships by amphibious trucks, known as DUKWs, belonging to the logistics' teams. Every soldier in the Canadian supply corps (RCASC) handled an average of 6 tons of equipment per day !

N.B.: The wooden piles are the remains of the German anti-parachute defences, placed on the beaches by conscripted local civilians nicknamed "Rommel's Aspargus Tips" by the local population.

En arrière de Juno Beach, *vers Graye-Banville, le premier dépôt d'ordonnance canadien, ici, de munitions, transbordées des navires par camions amphibies DUKWs des équipes de la logistique. Chaque soldat du service du ravitaillement canadien (RCASC) manipule en moyenne six tonnes de matériel par jour !*

N.B. : Les pieux de bois sont des vestiges des défenses antiparachutistes allemandes, plantés par des civils locaux requis, appelés alors « Asperges de Rommel », par la population locale.

© PAC

5 On the Western beach from Courseulles-sur-Mer to Graye-sur-Mer, tank removal trucks set out to rescue the tanks stuck in the sands before the tide comes in and covers them. These trucks belong to the "Royal Canadian Electrical and Mechanical Engineers", whose workshops were installed close to *Juno* Beach. The tanks, landed from the landing craft tanks are English, most probably belonging to the 26th Armoured Regiment of the Royal Engineers, service engines belonging to the 79th AED Div, which played such a vital role for the Anglo-Canadian Allies.
The masts, to the forefront, will be used to bear large signs made of coloured cloth, indicating the exits from the beaches and landing zones, parks and logistics depots.

Sur la plage ouest de Courseulles-sur-Mer – Graye-sur-Mer, les dépanneuses de blindés sont mises en œuvre pour le sauvetage des chars enlisés avant d'être recouverts par la marée. Elles dépendent du « Royal Canadian Electrical and Mechanical Engineers », qui établissent leurs ateliers à proximité de Juno Beach. Les chars débarqués des LCT* (définition page 16) sont anglais, probablement du 26ᵉ régiment blindé du Royal Engineers, engins de servitude de la « menagerie » de la 79ᵉ DB, au rôle prépondérant au profit des alliés anglo-canadiens.
Les mâts du premier plan serviront à marquer par de grands panneaux de toile de couleur, les sorties de plages et zones, les parcs et les dépôts logistiques.

* *LCT :* Landing Craft Tanks *; chaland de débarquement de chars.*

6 The famous German 88 canon, the best in the world, which gave the Reginas so much to worry about on the morning of the 6th June. It controlled the Eastern entrance to the port of Courseulles-sur-Mer and an amphibious Sherman DD from the 1st Hussars got dangerously close to it before being hit. The combined efforts of the infantry and the assault troops led to its capture, along with that of the support garrison (80 German soldiers) around 1.00 pm.

Note to the back the tetrahedrons for beach defences, often mined, and the Liberty Ship Tanks, washed ashore opposite "Nan Green".

Le fameux Canon allemand de 88, le meilleur au monde, qui donna tant de tracas aux Reginas *le matin du 6 juin. Il contrôlait l'entrée est du port de Courseulles-sur-Mer et un Sherman DD amphibie du 1st Hussar s'en est approché dangereusement avant d'être touché à son tour. L'action combinée de l'infanterie et du Génie d'assaut en aura raison, ainsi que de la garnison du point d'appui (80 soldats allemands) vers 13 h 00.*

Noter en arrière les tétraèdres de défense de plages, souvent minés, et les gros LST* échoués face à « Nan Green » en toute sécurité.

* LST : Liberty Ship Tanks *; chaland lourd de débarquement de chars et engins (équivalent d'un car ferry).*

7 The evening of D-Day at "Nan Green" sector *Juno* Beach at Courseulles-sur-Mer, as seen from the actual sea-front promenade facing East: Canadian Sherman tanks are still landing near by the camouflaged bunker cleared by the Regina Rifles and the 1st Hussars at 9am earlier that day.

6 juin au soir sur « Nan Green » - Courseulles-sur-Mer , depuis la digue actuelle en regardant vers l'est : les chars Canadiens y poursuivent leur débarquement face au bunker camouflé pris à 9h00 par le Regina Rifles *soutenu par les DD-tanks du 1st Hussars*

8 This bunker, since disappeared, was situated on the eastern flank of "Nan Green" sector *Juno* Beach at Courseulles-sur-Mer. It contained a German howitzer at the entrance to the port, facing west. Note the camouflaging, simulating a villa, complete with roof and windows.

Le bunker situé à l'est de la plage de Courseulles-sur-Mer « Nan Green » de Juno Beach, *aujourd'hui disparu , abritait un obusier allemand orienté vers l'Ouest , soit l'entrée du port . Noter le camouflage en trompe-l'oeil simulant une villa avec toit et fenêtres.*

© Fonds JPB

9 Taken at the same time, a camera to the West, at a respectful distance from the 88 canon, sheltered in the blockhaus, visible, to the right at the back and covering the entrance to Courseulles-sur-Mer harbour, a company of Regina Rifles sets out amongst the obstacles on the beach, to take their position to the rear.

This position was to fall early afternoon.

N.B. : Today, this bunker provides a solid foundation for the « Maison de la Mer » (seaworld building) in Courseulles-sur-Mer.

Au même moment, caméra à l'ouest, à distance respectueuse du canon de 88 abrité dans le grand blockhaus, visible au fond à droite, et qui couvre l'entrée du port de Courseulles-sur-Mer, une compagnie du Regina Rifle s'élance à travers les obstacles de plage, pour prendre la position à revers.

Celle-ci tombera en début d'après-midi.

N.B : Aujourd'hui, le bunker sert de solide fondation à la Maison de la Mer de Courseulles-sur-Mer.

10 As seen from the West bank of the entrance of the port in Courseulles-sur-Mer, where today's Canadian Juno Centre stands, the former "88 bunker". The Hotel de Paris the station, customs office and the oyster farms are recognizable. The train from Caen to Courseulles-sur-Mer enabled easy transportation of food supplies, construction equipment and coal. Wagons can be seen at the back, to the right, behind the crane. To the forefront, the photographer's amphibious jeep, returning from General de Gaulle inspection on 14 June.

Vue de la rive ouest de l'entrée du port de Courseulles-sur-Mer, où se dresse désormais le Centre canadien Juno, le « bunker au 88 ». On reconnaît l'Hôtel de Paris, la gare, l'octroi et les parcs à huîtres. Le train de Caen à Courseulles-sur-Mer permet l'acheminement facile des provisions et matériaux de construction ou du charbon. Des wagons sont visibles à droite, en arrière-plan de la grue. Au premier plan, la jeep amphibie du photographe, à l'issue de la visite du général de Gaulle le 14 juin.

11 A few days after the Landings on June 6th, these Canadian sailors organised, using various transmission techniques, the delivery of supplies on barges into the port of Courseulles-sur-Mer. On top of the blockhaus, which sheltered the "88" tank killer, they used radios, loudspeakers, field glasses and former German optic projectors.
Note the signals showing the entry canal to the port and to the back, the line of ships, sunk 8 days after D-Day, to constitute an efficient breakwater wall, behind which, supplies are disembarked using landing craft and DUKWs.

Quelques jours après le Débarquement du 6 juin, ces marins canadiens organisent par divers moyens de transmission, l'acheminement des provisions par barges dans le port de Courseulles-sur-Mer. Juchés sur le blockhaus abritant le « 88 » tueur de chars, ils ont à leur disposition radios, porte-voix, monoculaire et projecteur optique « de prise », ex-allemand.
Noter la matérialisation du chenal du port et en arrière-plan, la ligne des navires sabordés pour constituer, huit jours après le Jour-J, un brise-lames efficace, à l'abri duquel se font les déchargements des caboteurs par péniches et DUKWs*.

* DUKWs : Véhicules amphibies.

© PAC

© Fonds JPB

12 At the pier in Courseulles-sur-Mer: Frenetic unloading of supplies for Canadian Armed Forces. 1800 men of the Royal Army Service Corps and Royal Engineers handled 5 tons per man per day or 9000 tons on average per 24 hours.

Sur les quais du port de Courseulles-sur-Mer, le déchargement frénétique des provisions destinées à l'armée canadienne : 1800 soldats du RASC y manoeuvrent 5000 tonnes par 24 heures soit 5 tonnes par homme et par jour !

© Fonds JPB

13 Metal pontoon roadways on the beach east and west of Courseulles-sur-Mer, delivering at their height 5000 tons of supplies per day, contributed to the success of Port-Juno. Visible in the background, the long line of ships of "Gooseberry" n°4 sunk as a breakwater one mile off the entrance to the harbour.

Les caissons métalliques posés sur les plages est et ouest de Courseulles-sur-Mer contribuent à hauteur de 5 000 tonnes/24 heures au succès de Port-Juno. Coulée volontairement à un mille devant l'entrée du port et les plages, la ligne de protection des navires du Gooseberry n°4 ou brise-lames improvisé de Juno Beach.

14 At Bernières-sur-Mer, the landing of the Brencarrier support section of the "Chaudière" Regiment from an LCT, mid-morning on June 6th. All of D-Day's vehicles were waterproofed for operation Overlord, with tanks full and overflowing jerrycans just in case logistics had trouble following…

Devant Bernières-sur-Mer, débarquement à partir d'un LCT, de la section de chenillettes (Bren carrier) de soutien du régiment de la « Chaudière », en milieu de matinée du 6 juin. Tous les engins du Jour-J ont été rendus étanches pour l'opération Overlord, les pleins sont faits et les jerrycans surabondants, au cas où la logistique ne suivrait pas…

© PAC

15 Around 11.00 am on *Juno* Beach, between Courseulles-sur-Mer and Bernières-sur-Mer, a wave of landing-craft infantry of the Royal Canadian Navy completes the crossing of the Channel from Portsmouth, each landing a company (150 men) of the three Canadian Scottish Regiments of the 9th Brigade. The thick bands of smoke are in Courseulles-sur-Mer, where, at the same time, the assault on the defence garrison at the entrance to the port, was taking place.

Vers 11 h 00, entre Bernières-sur-Mer et Courseulles-sur-Mer, à Juno Beach, *une vague de* Landing Craft Infantry *(LCI*) de la Marine de guerre royale du Canada achève la traversée de la Manche depuis Portsmouth, en débarquant chacun une compagnie (150 hommes) des trois régiments canadien-écossais de la 9ᵉ brigade. La masse de fumées provient de Courseulles-sur-Mer, où se déroule au même moment, l'assaut sur la garnison de défense de l'entrée du port.*
* LCI : Landing Craft Infantry ; chaland de débarquement de soldats de l'infanterie.

© PAC

16 On June 6th around 9.00 am on the "Nan Green" section of *Juno* Beach, at Courseulles-sur-Mer, Landing craft tanks and landing craft infantry, brought the troops and equipment from England to break the Atlantic Wall on either side of the River Seulles. Here, the soldiers of the Regina Rifles, supported by the tanks of the first Canadian Hussars fought to destroy three blockhauses equipped with formidable anti-tank canons.
Note the anti-aircraft captive balloons protecting the ships (indicating a North-Westerly wind) and to the rear, the house in Bernières-sur-Mer.

Le 6 juin vers 9 h 00 en plage « Nan Green » de Juno Beach *à Courseulles-sur-Mer, LCT* et LCI* acheminent d'Angleterre, troupes et matériels pour rompre le Mur de l'Atlantique, de part et d'autre de la rivière La Seulles. Ici, les fantassins du* Regina Rifles, *soutenus par les chars du 1er Hussars canadien, se battent pour réduire trois blockhaus équipés de redoutables canons antichars.*
Noter les ballons captifs antiaériens de protection des navires (indiquant le vent de nord-ouest), et en arrière-plan, la maison de Bernières-sur-Mer.

© PAC

17 Bernières-sur-Mer, late morning : photo taken from an LCI heading back out to sea after having landed a Canadian infantry
company, a panoramic view of the beach liberated 4 hours earlier by the Queen's Own Rifles of Canada from Toronto
and Levy's "Chaudières" from Quebec.
To the forefront, the Landing Craft Infantry anti-aircraft defence canon, a 20 mm automatic Oerlikon. The half-timbered house
was used by the Royal Canadian Navy as a landmark, before entering the annals of History.

Bernières-sur-Mer, fin de matinée : Depuis un LCI qui regagne le large après avoir mis à terre une compagnie d'Infanterie canadienne,
vue panoramique de la plage dégagée quatre heures plus tôt par les Queen's Own Rifles of Canada *de Toronto et les « Chaudières »*
de Lévy au Québec.
Au premier plan, on aperçoit le canon de défense antiaérienne du Landing Craft Infantry, *un Oerlikon de 20 mm automatique.*
La maison à colombages sert de repère à la Royal Canadian Navy *avant d'entrer dans l'Histoire.*

© PAC

18 The reporter has turned his lense to the right towards Courseulles-sur-Mer to capture the landing "as if in training" of the *Stormont Dundas and Glengarry Highlanders of Canada** on the "Nan White" section of *Juno* Beach. The ramps on the LCI enabled the troops and their equipment to disembark quickly. Among the equipment landed were bicycles, which were only used by the Anglo-Canadians but which proved to be extremely helpful on that 6th June 1944.
* The "Glens" were the first Canadian troops to enter Caen on July 9th, 1944. Volunteers, as were all of Canada's D-Day troops, these soldiers were from Peterborough and Cornwall Ontario.

Le photographe porte son objectif à droite vers Courseulles-sur-Mer pour fixer le débarquement « comme à l'exercice » des Stormont Dundas and Glengarry Highlanders of Canada* sur le secteur « Nan White » de Juno Beach. Les rampes des LCI permettent la descente rapide des troupes et de leurs matériels d'accompagnement, allant jusqu'aux bicyclettes, qui, utilisées seulement par les anglo-canadiens, rendront de grands services ce 6 juin 1944.
* Les Glens seront les premières troupes canadiennes dans Caen le 9 juillet 1944. Volontaires comme tous les canadiens du Jour-J, ils viennent de Peterborough et de Cornwall, dans l'Ontario.

19 300 meters to the East of the half-timbered house, Bernières-sur-Mer redoubt with its obsolete machine gun position (Mauser 1908), which covers the seawall. The soldiers of the French-Canadian "Chaudière*" Regiment have just captured it from the rear. The concertinas of mass barlsed-wires which cover all of the Atlantic Wall's defences are often laden with explosives. The assault ladder has not moved since it was laid in position for the attack at 8.00 am on this 6th June morning.
* **This glorious regiment bears the name of the Canadian river which flows in Levy on the banks of the St. Laurent opposite Quebec.**

À 300 mètres à l'est de la maison à colombages, la redoute de Bernières-sur-Mer avec son poste de tir pour mitrailleuse obsolète (Mauser 1908) qui prend la digue en enfilade. Les fantassins canadiens français du régiment de la « Chaudière » viennent de s'en emparer à revers. Les chevaux de frise en buissons abondants qui recouvrent toutes les défenses du Mur de l'Atlantique, sont souvent semés d'explosifs. L'échelle d'assaut est restée en place depuis l'attaque menée ce 6 juin à 8 h 00 du matin.*
* Ce glorieux régiment porte le nom de la rivière du Canada qui coule à Lévy sur la rive du Saint-Laurent, opposée à Québec.

20 Panoramic view of Port - Juno as at the end of June 1944: A combination of "Gooseberry" n°4 Breakwater with metallic pontoons for unloading directly onto the beach, together with the inland port activities, increased the flow of supplies to 15000 tons per 24 hours. Also 150 DUKW amphibious trucks, unloading "Liberty" cargo ship at sea, brought ashore another 5000 tons per day.

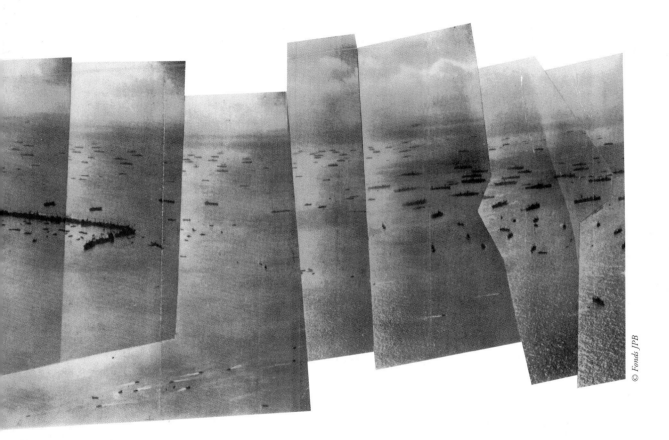

© *Fonds JPB*

Vue d'ensemble de Port - Juno tel qu'à la fin Juin 44. La combinaison de la protection du brise-lames Gooseberry *n°4 conjuguée aux jetées metallisées des plages et à l'activité portuaire garantit le rendement du ravitaillement su*r Juno Beach *soit 15 000 tonnes / 24 h . S'y ajoutent 5 000 tonnes/jour acheminées par la noria des 150 camions DUKW qui déchargent en mer les* Liberty-ships *trop gros pour rentrer au port de Courseulles-sur-Mer.*

© PAC

21 Today a Canadian Memorial in tribute to the Queen's Own Rifles, the redoubt and its 50 mm Pak 38 canon, which can be seen in this photograph, bring together, from left to right : Victory, its prisoners and the price paid, always too high. The Canadian injured were transported to the 8th Brigade Royal Medical Corps' clearing hospital before being evacuated to England along with the German prisoners. There was no room for them in the combat zone and the supplies were distributed in priority to the Allies.

La redoute et son canon de 50 mm Pak 38, aujourd'hui mémorial canadien en hommage aux Queen's Own Rifles *qui figurent sur cette photographie, conjuguent de gauche à droite : la Victoire, son lot de prisonniers, et le prix à payer, toujours trop élevé. Les blessés canadiens sont acheminés au centre de triage du* Corps Royal Medical *de la 8e brigade avant d'être évacués vers l'Angleterre, avec les prisonniers allemands. Il n'y a pas de place pour eux en zone de combats, et le ravitaillement va prioritairement aux alliés.*

© PAC

22 Corporal Gendras of the "Chaudière" Regiment giving a threatening look with his Sten sub-machine gun, as he poses for the photographer, who is a war correspondent.

Today, Bernières-sur-Mer' sea wall is covered over by the beach. On June 6th, 1944, assault ladders for the infantry and the mechanical bridges laid by the Churchill tanks were necessary so that the men and tanks could cross over the sea wall.

The two German officers at the opposite end of the Sten-gun belong to the department of the Todt organisation and to the customs. The redoubt appears in the back of the picture.

Le caporal Gendras du régiment de la « Chaudière » se veut menaçant avec sa mitraillette Sten alors qu'il pose pour le photographe, correspondant de guerre.

Le mur de la digue de Bernières-sur-Mer est aujourd'hui recouvert par la plage. Le 6 juin 1944, des échelles d'assaut pour l'infanterie et les ponts mécaniques posés par les chars Churchill furent nécessaires à son franchissement par les hommes et les blindés.

Les deux officiers allemands à l'autre bout du Sten-gun appartiennent aux services de l'organisation Todt et à la douane. La redoute apparaît en arrière-plan.

© PAC

23 By mid-afternoon, all of the enemy defences have been annihilated on the beach and the Royal Canadian engineers prepare mine free, safe exits. The Sherman tanks of the 2nd Canadian Armoured Brigade use these exits after having landed from their LCT. To the left, the line of telephone poles from Bernières-sur-Mer to Courseulles-sur-Mer. To the right, an armoured bulldozer.

If a few artillery shells still continued to land on the fragile strip of free Norman soil, the main enemy was now the sea, for, at high tide, it covered everything, including mined beach obstacles and equipment caught up in the traffic congestion at the narrow exit points.

En milieu d'après-midi, toute défense ennemie ayant désormais cessé sur la plage, le Génie Royal canadien aménage les sorties sécurisées et déminées. Les chars Sherman de la 2ᵉ Brigade Blindée canadienne les empruntent, après avoir débarqué de leurs LCT. À gauche, la ligne de poteaux téléphoniques de Bernières-sur-Mer à Courseulles-sur-Mer. À droite, un bulldozer blindé.

Si quelques obus d'artillerie occasionnels s'abattent encore sur la fragile bande de sol normand libéré, l'ennemi principal est la mer qui, à marée haute, recouvre tout, obstacles de plage minés et matériels immobilisés par les embouteillages aux points de sortie étroits.

© PAC

24 Taken from the West of Bernières-sur-Mer, looking towards Courseulles-sur-Mer, showing congestion and heavy traffic caused by the 3rd Canadian Infantry Division on the beach, which is becoming smaller as the tide comes in. The columns of tanks, belonging to the 2nd Brigade, here, the "Sherbrooke Fusiliers", have priority. To the left, you can see the amphibious exhaust fumes of an MIO Tank Destroyer, whereas the crossing element laid by the British tank assault engineers enable the troops to leave the beach whilst letting the tanks and vehicles use the consolidated exits leading to the streets of Bernières-sur-Mer, under the "Beach-Master's" vigilant eye.

Congestion et fort trafic de la 3e DI canadienne sur la plage qui se rétrécit à marée montante apparaissent sur ce document, photo prise de Bernières-sur-Mer ouest en regardant vers Courseulles-sur-Mer. Les colonnes blindées de la 2e Brigade, ici, les « Sherbrooke Fusiliers » ont la priorité. À gauche apparaissent les échappements amphibies d'un Tank Destroyer M10, alors que des éléments de franchissement posés par le Génie d'assaut blindé britannique permettent aux troupes de quitter la plage, et laissent aux chars et véhicules, les sorties consolidées aboutissant aux rues de Bernières-sur-Mer, sous l'œil vigilant du Beach-Master.

© PAC

25 400 meters to the right of the half-timbered house captured earlier by the Queen's Own Rifles of Canada, the Glengarrians from 9th Brigade of the 3rd Canadian Infantry Division continued landing on the first high tide on Tuesday 6th June (12.30 pm). Note the engineers' bridge laid against the harbour wall by a special British tank (AVRE) and Centaur support tanks belonging to the Royal Marines commandos. To the centre, opposite Bernières-sur-Mer station, a house in ruins lies still smoking.

À 400 mètres à l'ouest de la maison à colombages prise plus tôt par les Queen's Own Rifles of Canada, *les* Glens *de la 9e brigade de la 3e division d'infanterie canadienne poursuivent leur débarquement à la première marée haute du mardi 6 juin (12 h 30). Noter le pont de franchissement du génie déposé contre la digue par un blindé spécial britannique (AVRE), et les chars Centaur de soutien des commandos de la Marine royale. Au centre, face à la gare de Bernières-sur-Mer, une maison dévastée fume encore.*

© PAC

26 It was impossible for the Canadian sailors to bring their LCT closer to French soil on the "Nan Green" sector facing West Bernières-sur-Mer. With a folding "BSA" bicycle on their shoulders, the troops of the 9th Brigade's "Highland Light Infantry" have only 10 meters of water through which to wade before gathering, feet wet for the rest of the day, to advance through the fields to Bény-sur-Mer, where they were to spend their first night in France. From the following day onwards over the month to come, they would have to face the Hitler youth 12th Panzer division.
Note : Reduced by the height of the tide, no more supplies were able to be landed. Only the engineers' trucks were given priority.

*Impossible aux marins canadiens d'approcher plus près leur LCI de la Terre de France face à Bernières-sur-Mer ouest sur « Nan Green ». Bicyclette pliante « BSA » sur l'épaule, les fantassins du « Highland Light Infantry » de la 9ᵉ brigade, n'ont que 10 mètres d'eau à franchir avant de se regrouper et, les pieds mouillés pour la journée, s'infiltrer à travers champs vers Bény sur-Mer où ils passeront leur première nuit en France. Dès le lendemain, ils devront affronter pendant un mois, les jeunesses hitlériennes de la 12ᵉ division blindée de Waffen SS.
Note : Très rétrécie par la laisse de haute mer, la plage de Bernières-sur-Mer ne permet plus l'acheminement des convois. Seuls les engins du Génie ont la priorité.*

© PAC

27 Caught up in the chaos of the Landings, the civilians had no other option than to take cover and patiently await their Liberation. Some have only been able to save a few things, gathered in a trailer.
This photograph, by Ken Bell, was taken near Bernières-sur-Mer station on the morning of June 6th. The AVRE Churchill tank has amphibious exhaust pipes, a soldier from "the Chaudière Regiment", cigarette in his hand and rifle shung over his shoulder, heads for the centre of the village.

Pris dans la tourmente du Débarquement, les civils n'ont pas eu d'autre alternative que de s'abriter et attendre l'heure tant attendue de la Libération. Certains n'ont pu sauver que de bien maigres affaires tenant dans une remorque à bras.
Cette photographie de Ken Bell est prise autour de la gare de Bernières-sur-Mer dans la matinée du 6 juin. Le char Churchill AVRE (Armoured Vehicle Royal Engineers) est pourvu de pots d'échappement amphibie, un fantassin de la « Chaudière », cigarette à la main et fusil à l'épaule, se dirige vers le bourg.

© PAC

28 A Canadian section of the "Chaudière" Regiment advances towards Bernières-sur-Mer Church, whilst an armoured column of "Sherbrooke Fusiliers" has been halted, patiently awaiting the advance of the flow of vehicles through the narrow streets made safe by the engineers. To the left, a British armoured bulldozer. The Battle of the beaches was over on *Juno*, the men, who had expected stronger resistance, seem relaxed and happy to be in France.

Une section canadienne du régiment de la « Chaudière » progresse vers l'église de Bernières-sur-Mer tandis qu'une colonne blindée des « Sherbrooke fusiliers » patiente face au difficile écoulement des véhicules dans les rues étroites sécurisées par le Génie. À gauche, un bulldozer blindé Anglais. La bataille des plages est gagnée à Juno, les hommes qui s'attendaient à une résistance plus sévère, semblent à présent détendus et heureux d'être en France.

© PAC

29 Bernières-sur-Mer, afternoon of D-Day : the famous half-timbered house captured by the Canadian Queen's Own Rifles (QOR of Canada) at dawn on D-Day, is in the centre of the Canadian Landings during the 2nd week of June. This beach was progressively relegated to the benefit of Courseulles-sur-Mer and its larger harbour, better for logistics. To the right, the Royal Engineers' Churchill armoured vehicle, nicknamed "Petard", firing appropriate explosive charges called "Flying Dustbins" to destroy the blauckhaus. They were part of General Hobart's 79th British Armoured Division. This division was equipped with these Royal Engineers' "FUNNIES", for D-Day. To the centre, opposite the signpost, a Canadian military policeman shows the units to their assembly zones.

Bernières-sur-Mer, 6 juin après-midi : la fameuse maison à colombages prise par les fusiliers canadiens de la reine (QOR of Canada) à l'aube du Jour J, est au centre des débarquements canadiens de la 2ᵉ semaine de juin. Cette plage sera progressivement reléguée au profit de Courseulles-sur-Mer et de son port d'importance logistique appréciable. À droite, le char Churchill « Pétard » utilisé contre les blockhaus allemands par lanceur de charge explosive appropriée dépend de la 79ᵉ DB britannique d'engins spéciaux mis au point pour le Jour-J par le général Hobart, familièrement dénommée la « Ménagerie ». Au centre face au panneau indicateur, un policier militaire canadien dirige les unités vers leurs zones de rassemblement.

© PAC

30 With the backdrop of Norman houses and shops, which no longer exist today, the staff command of the 3rd Canadian Infantry Division lands in France around 3.00 pm on the 6th June. In the centre, Major General Keller the division commander, with, on his right, a military provost officer. General Keller was severely injured on the 8th August to the south of Caen during an... Allied bombing raid.

Sur fond de maison normande et boutiques aujourd'hui disparues, le groupe de commandement de l'État-major de la 3ᵉ division d'infanterie canadienne est en France, vers 15 h 00 le 6 juin. Au centre le major général Keller, commandant la division, flanqué à sa gauche du général Wyman, 2ᵉ division blindée canadienne, et à sa droite d'un officier de prévôté militaire. Le général Keller sera grièvement blessé le 8 août, au sud de Caen, lors d'un bombardement aérien... allié.

© PAC

31 As the traffic advances slowly through the narrow streets of Bernières-sur-Mer, the young women from the village help the soldiers to forget, for a short time, the risks of war. These British soldiers belong to Logistics Corps and the smile on their faces shows the relief on the evening of what has been a "great" day. To the back, the amphibious DUKW, which transport the supplies from the freight ships to the Canadian depots set up inland from the beaches (*Royal Canadian Army Service Corps*).

Tandis que le trafic s'écoule difficilement dans les rues étroites de Bernières-sur-Mer, les jeunes femmes de la commune font oublier un instant les risques de la guerre. Ces soldats anglais appartiennent à la logistique, et leur sourire marque le soulagement, au soir d'un grand jour. En arrière, un camion amphibie DUKW qui permet l'acheminement entre les navires de fret et les dépôts constitués en arrière des plages (Royal Canadian Army Service Corps).

© PAC

32 The Royal Canadian Provost Corps Police search new prisoners belonging to the Wehrmacht's 736th Grenadier Regiment. You can just make out the rails of the line which linked Caen to the coast, as far as Courseulles-sur-Mer via Bernières-sur-Mer. This photograph was taken opposite the station, which is today's tourist office.

Les policiers du Royal Canadian Provost Corps procèdent à la fouille de nouveaux prisonniers du 736ᵉ régiment de grenadiers de la Wehrmacht. On devine les rails du petit train reliant Caen à la mer juqu'à Courseulles-sur-Mer par Bernières-sur-Mer. Cette photographie est prise face à la gare dont le bâtiment est aujourd'hui office de tourisme.

© PAC

33 Bernières-sur-Mer, D-Day: Behind the famous half-timbered house on the Bernières-sur-Mer sea wall, Sergeant Robert Gagnon from "the Chaudière" Regiment poses for posterity amongst a group of happy prisoners from the German Navy coastal artillery.

Derrière les maisons à colombages, sur la digue de Bernières-sur-Mer, le sergent Robert Gagnon du régiment de la « Chaudière » pose pour la postérité parmi un groupe de prisonniers réjouis, de l'artillerie côtière de la marine allemande.

© PAC

34 To the back, the traditional Norman houses, around the village square the population gives in to their curiosity and has come out to watch the former occupiers pass now as prisoners. In this photograph, medical staff from the Wehrmacht's 716 Infantry Division transport an injured Canadian soldier on a stretcher to the beach, where he awaits his transfer to a British hospital.

Toujours en arrière des maisons normandes, sur le square, la population cède à la curiosité et vient contempler le passage instantané de l'autorité d'occupation à l'état de prisonniers. Ici, du personnel médical de la 716ᵉ DI de la Wehrmacht *brancarde un blessé canadien vers la plage, en vue d'un rapatriement pour un hôpital britannique.*

© PAC

35 On the day after D-Day, a long line of those, whose job it had been to stop the invasion and who are now prisoners, head for an *LCT* under Canadian escort, before being taken to a camp in England. As was the case on the narrow Norman bridgehead, "little" England did not have the means nor the space to cope with the hundreds of thousands of prisoners of war, who were later moved on to the USA and Canada. To the back, the Home of the Queen's Own, the station and Bernières-sur-Mer sea wall, now lie at peace.
Once a perfect D.Day landermark at *Juno* Beach, to-day's Mr Hoffer house welcomes the Canadians.

Au lendemain du Jour-J , une longue colonne de ceux qui eurent pour tâche de s'opposer à « L'Invasion », désormais prisonniers, se dirige sous escorte canadienne, vers un LCT puis un camp en Angleterre. Tout comme l'étroite tête de pont normande, la « petite Angleterre » n'a ni les moyens ni la place de prendre soin de centaines de milliers de prisonniers de guerre qui seront acheminés aux USA et au Canada. En arrière-plan, la maison des Queen's Own, *la gare et la digue de Bernières-sur-Mer, désormais pacifiées. Jadis un parfait amer de* Juno *Beach, la maison Hoffer accueille toujours les Canadiens.*

© PAC

36 Saint-Aubin-sur-Mer, around 10.00 am : even if exits from the beaches, indicated by coloured cloth signs, have been cleared by the engineers, the Canadian amphibious tanks continue the fight against two enemy strongholds, one of which is that of the 50 mm Pak gun mentioned above. One tank, to the right of the LCT, has been hit and is in flammes. In front of the collapsed wall, lie bodies and debris which have been washed ashore. An LCA is upturned. 30 commandos belonging to the 45th Commando of the British Royal Marines had landed from the same LCA two hours earlier. Their task is to clear the streets of Saint-Aubin-sur-Mer in the aftermath of the Canadian North Shore Infantry. Note the low morning skyline on June 6th and the force 4 North-Westerly wind blowing in strong gusts.

Saint-Aubin-sur-Mer, vers 10 h 00 du matin : si des sorties de plages matérialisées par de grands panneaux de toile colorée ont bien été dégagées par le Génie, les blindés amphibies canadiens combattent encore contre deux points forts ennemis dont celui du canon Pak 38 cité plus haut. Un char est touché et flambe à droite du LCT. Devant le mur effondré, gisent des corps et débris rejetés par le flot ; Un LCA est renversé, il a mis à terre deux heures plus tôt, trente commandos du 45 Cdo de la Marine royale britannique qui ont dégagé les rues de Saint-Aubin-sur-Mer, traversée ensuite par l'infanterie canadienne du North-Shore. On peut noter le plafond bas du matin du Jour J et le vent de nord-ouest de force 4 en rafales.

© NA USA

37 *To this day, the 50 mm German anti-tank gun in Saint-Aubin-sur-Mer still bears witness to the dual in which, at dawn on the 6th June, it took part with the amphibious Sherman tanks of the 10th Canadian Armoured Regiment the Fort Garry Horse.*
The roadway has since been raised, the 75 mm shell impacts repaired, but the mouth of the gun, bent by an armour piercing shell, is left as such, ensuring that the 38 mm Pak gun can do no more damage.

Témoin figé du Jour J, le canon anti chars allemand de 50 mm de Saint-Aubin-sur-Mer atteste encore de nos jours, de l'âpreté du duel qui, à l'aube du 6 juin 44, l'opposa aux chars Sherman amphibies du 10ᵉ Régiment Blindé canadien, le "Fort Garry Horse".
La chaussée a été, depuis, surélevée, les impacts d'obus de 75 réparés, mais le frein de bouche de l'arme touchée par un perforant, demeure plié, rendant le canon Pak 38 définitivement inapte au tir.